Eldrid Hågård Aas

Uregelmessige verb i norsk
Norwegian Irregular Verbs
Norwegische unregelmäßige Verben

Eldrid Hågård Aas

Uregelmessige verb i norsk

Norwegian Irregular Verbs

Norwegische unregelmäßige Verben

Bibliographische Informati[   ]schen
Nationalbibliothek
Die Deutsche Nationalbibl[   ]ichnet diese
Publikation in der Deutschen Nationalbibliografie;
detaillierte bibliografische Daten sind im Internet
über http://dnb.d-nb.de abrufbar.

Herstellung und Verlag: Books on Demand GmbH, Norderstedt
ISBN 9783842371460

Innhold

Forord

Endelig finnes det en omfattende samling av uregelmessige verb i norsk bokmål! Materialet er stort og mangfoldig. Her er alt fra de aller vanligste verbene i norsk til verb som nesten aldri er i bruk.

Boka består av to hoveddeler: «Tabell: Uregelmessige verb i norsk» og «Mer om verbene». Første del inneholder en bøyningstabell mens man i andre del finner mer om betydning og bruk av verbene. På de siste sidene er det dessuten en del definisjoner og tips som det kan være nyttig å kaste et blikk på: Hvordan er for eksempel begrepet «uregelmessig verb» definert i denne boka? Er det mulig å orientere seg i de mange valgfrie formene? Og hva er parverb? Boka kan være til hygge og nytte for alle med interesse for korrekt norsk språk, og ikke minst for dem som lærer norsk som fremmedspråk.

Preface / Information in English

At last there is a comprehensive collection of irregular verbs in Norwegian Bokmål! The corpus is large and diverse and ranges from the most commonly used verbs in Norwegian to others that are hardly ever used.

This book consists of two main parts. The first part («Tabell: Uregelmessige verb i norsk») contains a conjugation table. The second part («Mer om verbene») provides more information about the meaning and usage of all verbs. In addition, the last pages contain a few definitions and tips for the use of the book.

Apart from the English and German translations in the chapter «Mer om verbene», all explanations are provided in Norwegian. However, some information is summed up on the next page.

- The compilation covers the irregular verbs in Norwegian Bokmål. The other Norwegian written language, Nynorsk, which is less widespread, is not discussed here. A verb is concerned «irregular» when its inflection does not completely match one of the four regular verb classes (→ **regelmessig verb** p. 62).

«Tabell: Uregelmessige verb i norsk»
- Verbs and verb forms that are hardly ever used in written Bokmål are listed in grey.
- If there are multiple spellings of a verb form, the first one listed is in each case one in general use and may be considered a safe choice.

«Mer om verbene»
- The listed meanings of the verbs are the most common ones only. For a more comprehensive list of the range of use of the verbs, see *Bokmålsordboka*: http://www.nob-ordbok.uio.no.
- The inflection and meaning of the so-called **lignende verb** (similar verbs) differ from the listed irregular verb. In many cases it is a matter of **parverb** (twin verbs). Norwegian twin verbs are two verbs with the same infinitive form and similar meaning. One of them inflects regularly and can take a direct object. The irregular twin verb cannot take a direct object.
- The item **forstavelser** (prefixes) may prove to be helpful. Several very common verbs are made up of a prefix and an irregular verb, cf. *stå – for*stå (stand – understand).

Vorwort / Hinweise auf Deutsch

Endlich liegt eine umfassende Sammlung der unregelmäßigen Verben im Norwegischen (Bokmål) vor! Das Material ist umfangreich und mannigfaltig und bewegt sich von einigen der gebräuchlichsten norwegischen Verben bis hin zu Verben, die kaum mehr vorkommen.

Das Buch besteht aus zwei Hauptteilen. Der erste Teil («Tabell: Uregelmessige verb i norsk») beinhaltet eine Flexionstabelle, während der zweite Teil («Mer om verbene») mehr über die Bedeutung und Verwendung aller Verben informiert. Die letzten Seiten bieten außerdem einige Definitionen und Tipps für den Gebrauch des Buches.

Bis auf die englischen und deutschen Übersetzungen im Kapitel «Mer om verbene» sind alle Ausführungen auf Norwegisch. Im Folgenden seien jedoch ein paar Hinweise auf Deutsch aufgeführt:

- Die Übersicht behandelt die unregelmäßigen Verben im norwegischen Bokmål. Nynorsk, die andere norwegische Schriftsprache, die weniger verbreitet ist, ist nicht repräsentiert. Mit «unregelmäßig» sind hier sämtliche Verben gemeint, deren Flexion nicht vollständig mit einer der vier regelmäßigen Verbklassen übereinstimmt (→ **regelmessig verb** S. 62).

«Tabell: Uregelmessige verb i norsk»
- In grau sind Verben und Verbformen aufgeführt, die im schriftlichen Bokmål kaum in Gebrauch sind.
- Gibt es mehrere Varianten einer Verbform, ist jeweils als Erste eine Form aufgeführt, die viel verwendet wird und daher eine sichere Wahl sein sollte.

«Mer om verbene»

- In der Regel sind nur die üblichsten Bedeutungen des Verbs aufgeführt. Für eine ausführlichere Aufstellung der Anwendung der einzelnen Verben empfiehlt sich *Bokmåls-ordboka*: http://www.nob-ordbok.uio.no.

- Flexion und Bedeutung der **lignende verb** (ähnlichen Verben) unterscheiden sich vom aufgeführten unregelmäßigen Verb. Oft handelt es sich um **parverb** (Paarverben). Norwegische Paarverben sind zwei Verben mit gleicher Infinitivsform und ähnlicher Bedeutung. Eines davon flektiert regelmäßig; hinter dieses Verb kann man ein direktes Objekt (Akkusativobjekt) stellen. Dem unregelmäßigen Verb kann kein direktes Objekt folgen.

- Die Auflistung unter **forstavelser** (Vorsilben) kann hilfreich sein. Viele sehr häufig vorkommende Verben setzen sich zusammen aus einer Vorsilbe und einem unregelmäßigen Verb, vgl. *stå – **for**stå* (stehen – verstehen).

Tabell: Uregelmessige verb i norsk

Valg av verbform når det finnes flere alternativer, er et spørsmål om stil og personlige preferanser, se s. 63: → stilnivåer og → valgfrie former. Verb eller verbformer som er svært sjeldne i skriftlig bokmål, har grå skrift.

Infinitiv	Presens	Preteritum	Perf.part.
be, bede	ber, beder	ba, bad	bedt
bety	betyr	betydde, betød	betydd
binde	binder	bandt	bundet
bite	biter	bet, beit	bitt
bli	blir	ble, blei	blitt
blive, bli	bliver, blir	blev, bleiv	blitt
bre	brer	bredte, bredde	bredt, bredd
brekke	brekker	brakk	brukket
brenne	brenner	brant	brent
bringe	bringer	brakte	brakt
briste	brister	brast	bristet
bry	bryr	brydde, brød	brydd
bryte	bryter	brøt, brøyt	brutt
burde	bør	burde	burdet
by	byr	bød, bøy, bydde	budt, bydd
by, byde	byr, byder	bød, bøy, bydde	budt, bydd
bære	bærer	bar	båret

Infinitiv	Presens	Preteritum	Perf.part.
dette	detter	datt	dettet
dra	drar	dro, drog	dratt, dradd
drikke	drikker	drakk	drukket
drite	driter	dret, dreit	dritet, dritt
drive	driver	drev, dreiv	drevet
dø	dør	døde	dødd
eie	eier	eide, eiet, åtte	eid, eiet, ått
ete	eter	åt	ett
falle	faller	falt	falt
fare	farer	for	fart
ferdes	ferdes	ferdes, ferdedes	ferdes
finne	finner	fant	funnet
finnes	finnes, fins	fantes, fans	funnes
fise	fiser	fes, feis, fiste	feset, fist
fly, flyge	flyr, flyger	fløy	fløyet, flydd
flyte	flyter	fløt, fløyt	flytt
fnyse	fnyser	fnøs, fnyste	fnyst
fortryde	fortryder	fortrød	fortrudt
fryse	fryser	frøs, frøys	frosset
fyke	fyker	føk, føyk	føket
følge	følger	fulgte	fulgt
få	får	fikk	fått
gale	galer	gol, galte	galt

Infinitiv	Presens	Preteritum	Perf.part.
gi	gir	ga, gav	gitt
gidde	gidder	gadd	giddet
gjelde	gjelder	gjaldt	gjeldt
gjøre	gjør	gjorde	gjort
gleppe	glepper	glapp	gleppet
gli	glir	gled, glei	glidd
glippe	glipper	glapp	glippet
gnage	gnager	gnagde, gnaget, gnog	gnagd, gnaget
gnelle	gneller	gnall, gnelte	gnelt
gni	gnir	gned, gnei, gnidde	gnidd
grave	graver	gravde, grov	gravd
grine	griner	gren, grein, grinte	grint
gripe	griper	grep, greip	grepet
gråte	gråter	gråt	grått
gyse	gyser	gyste, gjøs	gyst
gyte	gyter	gytte, gjøt	gytt
gyve	gyver	gjøv, gøyv	gjøvet, gyvd
gå	går	gikk	gått
ha	har	hadde	hatt
henge	henger	hang	hengt
hete	heter	het, hette	hett

Infinitiv	Presens	Preteritum	Perf.part.
hive	hiver	hev, heiv, hivde	hivd
hjelpe	hjelper	hjalp	hjulpet
hogge	hogger	hogg, hogde	hogd
holde	holder	holdt	holdt
hugge	hugger	hugg, hugget, hugde	hugget, hugd
klesse	klesser	klass	klesset
klinge	klinger	klang	klinget, klingt
klipe	kliper	kleip	klipt
klive	kliver	kleiv	klivd, klevet
klype	klyper	kløp, klypte	kløpet, klypt
klyve	klyver	kløv, kløyv, klyvde	kløvet, klyvd
knekke	knekker	knakk	knekt, knekket
kneste	knester	knast	knestet
knette	knetter	knatt	knettet
knipe	kniper	knep, kneip	knepet
knyte	knyter	knøt, knytte	knytt
komme	kommer	kom	kommet
krype	kryper	krøp, krøyp	krøpet
kunne	kan	kunne	kunnet
kvede	kveder	kvad	kvedet
kvekke	kvekker	kvakk	kvekket

Infinitiv	Presens	Preteritum	Perf.part.
kvele	kveler	kvalte, kvelte	kvalt, kvelt
kveppe	kvepper	kvapp	kveppet
kverve	kverver	kvarv	kvervet
kvine	kviner	kvein, kvinte	kvint
la	lar	lot	latt
late	later	lot	latt
le	ler	lo	ledd
legge	legger	la	lagt
lekke	lekker	lakk, lekket	lekket
li	lir	led, lei, lidde	lidd
lide, li	lider, lir	led, lei	lidd, lidt
ligge	ligger	lå	ligget
lite	liter	let, leit	litt
ljuge	ljuger	løy	løyet
lyde	lyder	lød, lydde	lydt, lydd
lyve, lyge	lyver, lyger	løy	løyet
løpe	løper	løp	løpt, løpet
låte	låter	låt	lått
male	maler	malte, mol	malt
minnes	minnes, mins	mintes	mintes
monne	mon	monne	—
måtte	må	måtte	måttet

15

Infinitiv	Presens	Preteritum	Perf.part.
nyse	nyser	nøs, nøys, nyste	nyst
nyte	nyter	nøt, nøyt	nytt
omgås	omgås	omgikkes, omgiks	omgåttes
pipe	piper	pep, peip	pepet
rekke	rekker	rakk	rukket
rekke	rekker	rakte	rakt
renne	renner	rant	rent
ri, ride	rir, rider	red, rei	ridd
rinne	rinner	rant	runnet
rive	river	rev, reiv	revet
ryke	ryker	røk, røyk	røket
ryktes	ryktes	ryktes, ryktedes	ryktes
ryte	ryter	røt, røyt	rytt
se	ser	så	sett
sees, ses	sees, ses	såes, sås	settes
selge	selger	solgte	solgt
sette	setter	satte	satt
si	sier	sa	sagt
sige	siger	seg, seig	seget
sitte	sitter	satt	sittet
skilles	skilles, skils	skiltes	skiltes
skinne	skinner	skinte, skein	skint

Infinitiv	Presens	Preteritum	Perf.part.
skite	skiter	skeit, skjet	skitt
skjelve	skjelver	skalv	skjelvet
skjemmes	skjemmes, skjems	skjemtes	skjemtes
skjære	skjærer	skar	skåret
skli	sklir	skled, sklei, sklidde	sklidd
skrelle	skreller	skrelte, skrall	skrelt
skride, skri	skrider, skrir	skred, skrei	skredet
skrike	skriker	skrek, skreik	skreket
skrive	skriver	skrev, skreiv	skrevet
skryte	skryter	skrøt, skrytte	skrytt
skulle	skal	skulle	skullet
skvette	skvetter	skvatt	skvettet
skyldes	skyldes	skyldtes	skyldes
skyte	skyter	skjøt, skøyt	skutt
skyve	skyver	skjøv, skøyv	skjøvet
slenge	slenger	slang	slengt
slippe, sleppe	slipper, slepper	slapp	sluppet
slite	sliter	slet, sleit	slitt
slå	slår	slo	slått
slåss	slåss	sloss	slåss

Infinitiv	Presens	Preteritum	Perf.part.
smelle	smeller	smalt	smelt
smette	smetter	smatt	smettet
smyge	smyger	smøg, smøyg	smøget
smøre	smører	smurte	smurt
snike	sniker	snek, sneik	sneket
snyte	snyter	snøt, snytte	snytt
sove	sover	sov	sovet
spinne	spinner	spant	spunnet
spre, sprede	sprer, spreder	spredte, spredde	spredt, spredd
sprekke	sprekker	sprakk	sprukket
sprette	spretter	spratt	sprettet
springe	springer	sprang	sprunget
spørre	spør	spurte	spurt
spørres	spørs, spørres	spurtes	spurts
stige	stiger	steg, steig	steget
stikke	stikker	stakk	stukket
stjele	stjeler	stjal	stjålet
strekke	strekker	strakk	strukket
strekke	strekker	strakte, strakk, strekte	strukket, strakt, strekt
stri, stride	strir, strider	stred, strei, stridde	stridd

Infinitiv	Presens	Preteritum	Perf.part.
stryke	stryker	strøk, strøyk	strøket
støkke	støkker	støkk, stokk	støkt, støkket
stå	står	sto, stod	stått
suge	suger	sugde, suget, saug	sugd, suget
supe	super	supte, saup	supt
svelte	svelter	svalt	sveltet
sverge	sverger	sverget, svor	sverget, svoret
svi	svir	sved, svei, svidde	svidd
svi	svir	svidde, svei	svidd
svike	sviker	svek, sveik	sveket
svinge	svinger	svingte, svinget, svang	svingt, svinget, svunget
svinne	svinner	svant	svunnet
svive	sviver	sveiv, svev, svivet	svivet, svivd
synes	synes, syns	syntes	syntes
synge	synger	sang	sunget
synke	synker	sank	sunket
søkke	søkker	sakk	søkket
ta	tar	tok	tatt
telle	teller	talte, telte, tellet	talt, telt, tellet
tigge	tigger	tagg, tigget, tigde	tigget, tigd
tore	tør	torde, turte	turt, tort

Infinitiv	Presens	Preteritum	Perf.part.
tre	trer	trådte	trådt
treffe	treffer	traff	truffet
treffes	treffes	treftes	truffes, treftes
trekke	trekker	trakk	trukket
trenges	trengs	trengtes	trengtes
trive	triver	trev, treiv	trevet, trivd
trives	trives, trivs	trivdes	trivdes
tryte	tryter	traut	trytt
trå	trår	trådte, trådde, tro	trådt, trådd
turve	tarv	turvte, turvde	turvt
tvinge	tvinger	tvang	tvunget
tvinne	tvinner	tvinnet	tvinnet, tvunnet
tyte	tyter	tøt, tøyt, tytte	tytt
tørre	tør	torde, turte	turt, tort
undres	undres	undres, undredes	undres
vege	veger	vog	vegd
vekke	vekker	vekket, vekte, vakte	vekket, vekt, vakt
velge	velger	valgte	valgt
vie	vier	viet, vidde, vigde	viet, vidd, vigd
vike	viker	vek, veik	veket
ville	vil	ville	villet

Infinitiv	Presens	Preteritum	Perf.part.
vinde	vinder	vandt	vundet
vinne	vinner	vant	vunnet
vite	vet, veit	visste	visst
vri	vrir	vred, vrei, vridde	vridd
være	er	var	vært

Mer om verbene

Nærmere opplysninger om hvert verb gis på denne måten:

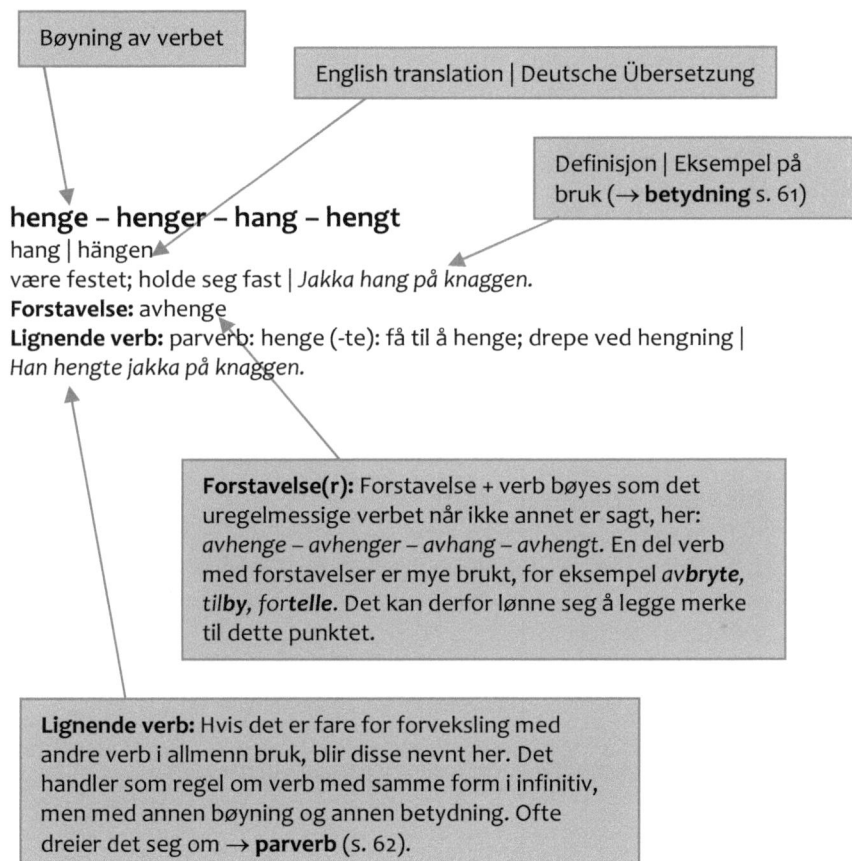

Bøyning av verbet

English translation | Deutsche Übersetzung

Definisjon | Eksempel på bruk (→ **betydning** s. 61)

henge – henger – hang – hengt
hang | hängen
være festet; holde seg fast | *Jakka hang på knaggen.*
Forstavelse: avhenge
Lignende verb: parverb: henge (-te): få til å henge; drepe ved hengning |
Han hengte jakka på knaggen.

Forstavelse(r): Forstavelse + verb bøyes som det uregelmessige verbet når ikke annet er sagt, her: *avhenge – avhenger – avhang – avhengt.* En del verb med forstavelser er mye brukt, for eksempel *av***bryte**, *til***by**, *for***telle**. Det kan derfor lønne seg å legge merke til dette punktet.

Lignende verb: Hvis det er fare for forveksling med andre verb i allmenn bruk, blir disse nevnt her. Det handler som regel om verb med samme form i infinitiv, men med annen bøyning og annen betydning. Ofte dreier det seg om → **parverb** (s. 62).

be/bede – ber/beder – ba/bad – bedt
ask; invite; pray | bitten; einladen; beten
1. høflig oppfordre | *Jeg ba ham om å snakke litt lavere i mobilen.*
2. invitere | *Hun ba ham på en romantisk middag med levende lys.*
3. si en bønn | *Hun ber til Gud hver kveld.*
Forstavelser: frabe seg, tilbe, utbe

bety – betyr – betydde/betød – betydd
mean | bedeuten, heißen
stå for, symbolisere | *Hva betyr «onomatopoetikon»?*

binde – binder – bandt – bundet
tie | binden
gjøre fast | *De lekte cowboy og indianer, og Jan ble bundet til et tre.*
Forstavelser: forbinde, innbinde

bite – biter – bet/beit – bitt
bite | beißen
1. sette tennene i | *Pass opp, hunden biter!*
2. trenge inn, stikke | *Kulda bet i kinnene.*

bli – blir – ble/blei – blitt
become; stay | werden; bleiben
1. begynne å være | *Jeg ble veldig glad da svigermor kom på besøk.*
2. fortsette å være | *Han har tenkt å bli i Tromsø resten av livet.*
Forstavelser: forbli, utebli, vedbli

blive/bli – bliver/blir – blev/bleiv – blitt
drown | ertrinken
drukne | *Han blev på havet under vinterstormene i fjor.*

bre – brer – bredte/bredde – bredt/bredd
spread, cover; grow | ausbreiten; verbreiten
1. legge over, dekke | *Far bredte sengeteppet godt over Ida.*
2. spre seg, bli mer omfattende | *Uroen brer seg på verdens børser.*
Forstavelse: utbre

brekke – brekker – brakk – brukket
break | brechen
bryte, knekke | *Han brakk beinet i alpinbakken.*
Lignende verb: brekke (-et/-te): **1.** brekke farge (forandre en farge lett ved å blande inn en annen farge) | *Denne malingen kan brekkes i hvilken farge du måtte ønske.* **2.** brekke seg (kaste opp) | *Før ferga var ute av Oslofjorden, hadde Trond brekt seg flere ganger.*

brenne – brenner – brant – brent
burn | brennen
1. være i brann | *Huset brant ned til grunnen.*
2. svi, etse | *Vepsestikket brant i huden i flere timer.*
Forstavelse: forbrenne
Lignende verb: parverb: brenne (-te): skade/behandle med ild | *Han brente alle bildene av henne.*

bringe – bringer – brakte – brakt
bring | bringen
ha med seg, ta med seg | *Oktober brakte mye regn på Østlandet.*
Forstavelser: anbringe, forebringe, frambringe/frembringe, fullbringe, innbringe, overbringe, tilbringe, utbringe

briste – brister – brast – bristet
burst, break | bersten
brekke, ødelegges, gå i to deler | *Einar spente buen for tredje gang. Da brast buen i to stykker. Da sa kong Olav: «Hva brast så høyt der?» Einar svarte: «Norge av di hand, konge.»* (sitat fra Olav Tryggvasons saga)

bry – bryr – brydde/brød – brydd
bother; care for | belästigen; mögen
1. plage, belaste | *Kan jeg få bry deg med et lite spørsmål?*
2. like, interessere seg for | *Jeg bryr meg ikke særlig om fotball.*

bryte – bryter – brøt/brøyt – brutt
break; discontinue, give up | brechen; unterbrechen, aufgeben
1. brekke, slite fra hverandre | *Innbruddstyvene brøt opp safen.*
2. gjøre slutt på noe, gi opp | *Hun brøt maratonen etter 36 km.*
Forstavelser: avbryte, forbryte, nedbryte, utbryte

burde – bør – burde – burdet
du bør = du burde = you ought to | du solltest
(når noen gir råd): skulle, ha godt av | *Du bør ikke spise så mange vafler, du får vondt i magen.*

by – byr – bød/bøy/bydde – budt/bydd
offer, invite | bieten, anbieten
gi tilbud om | *Kan jeg få by deg på litt hjemmelaget bringebærsaft?*
Forstavelser: framby/fremby, innby, overby, tilby, underby, utby
Lignende verb: → by/byde

by/byde – byr/byder – bød/bøy/bydde – budt/bydd
order, command | befehlen
gi ordre om | *Du må gjøre det som lærerne byr.*
Forstavelser: forby, påby
Lignende verb: → by

bære – bærer – bar – båret
carry | tragen
ha med seg (i hendene eller armene eller på hodet), holde oppe | *Posene var tunge å bære etter den lange handleturen.*
Forstavelse: innebære

dette – detter – datt – dettet
fall | fallen
falle | *Eva datt på isen og skadet ankelen.*

dra – drar – dro/drog – dratt/dradd
go; pull | fahren; ziehen
1. reise, gå, fare | *Naboen har dratt på ferie til Skottland.*
2. trekke, føre i en eller annen retning | *Traktoren måtte dra bilen opp fra grøfta.*

Forstavelser: bedra, bidra, fordra, foredra, inndra, oppdra, overdra, pådra seg, unndra

drikke – drikker – drakk – drukket
drink | trinken
ta til seg væske | *Hun drikker seks-sju kopper kaffe om dagen.*

drite – driter – dret/dreit – dritet/dritt
defecate, crap | scheißen
ha avføring, skite | *Hunden din har dritet i hagen min igjen!*

drive – driver – drev/dreiv – drevet
drift; do | treiben; tun
1. føres; føre | *Isflaket drev 140 km sørover.*
2. beskjeftige seg med | *Hva driver du med i fritida di?*

Forstavelser: bedrive, fordrive, gjendrive, inndrive, oppdrive, overdrive, underdrive

dø – dør – døde – dødd
die | sterben
slutte å leve | *Henrik Ibsen døde i 1906.*

eie – eier – eide/eiet/åtte – eid/eiet/ått
own | besitzen
ha, besitte | *Onkel Preben eier en hytte ved sjøen og en på fjellet.*

ete – eter – åt – ett
eat (greedily) | essen, fressen
spise (grådig) | *De åt som om de aldri hadde sett mat før.*

falle – faller – falt – falt
fall | fallen
bevege seg (ukontrollert) ned | *Liv falt ned fra stigen og brakk tåa.*
Forstavelser: bifalle, forfalle, frafalle, henfalle, overfalle, tilfalle

fare – farer – for – fart
go; rush | fahren; rasen, flitzen
1. dra, gå | *Hun for sin vei i mai, og siden har ingen sett henne.*
2. bevege seg raskt | *Han for inn for å hente dokumentene han hadde glemt.*
Forstavelser med regelmessig bøyning: erfare, befare (-te)

ferdes – ferdes – ferdes/ferdedes – ferdes
travel | reisen
reise | *Jeg har ferdes nesten overalt i Europa.*

finne – finner – fant – funnet
find | finden
1. komme over, oppdage | *De fant en rolig plass og satte seg ned.*
2. synes | *Jeg finner det naturlig å bade naken.*
Verbet brukes sjelden i betydning **2**; vanligere: → synes.
Forstavelser: avfinne seg, befinne seg, frifinne, innfinne seg, oppfinne
Lignende verb: → finnes

finnes – finnes/fins – fantes/fans – funnes
exist | vorhanden sein (*Det finnes* = There is | Es gibt)
være, eksistere | *Finnes det isbjørner i Hammerfest?*
Forstavelse: forefinnes
Lignende verb: → finne

fise – fiser – fes/feis/fiste – feset/fist
fart | furzen
prompe, slippe tarmgass | *Noen feis under forelesningen.*

fly/flyge – flyr/flyger – fløy – fløyet/flydd
fly | fliegen
bevege seg gjennom lufta | *Vi fløy til Svalbard i fjor sommer.*
Forstavelse: unnfly

flyte – flyter – fløt/fløyt – flytt
flow; float | fließen; schwimmen, treiben
1. strømme, renne | *Blodet fløt i slaget ved Stiklestad i 1030.*
2. holde seg oppå en væske, ikke synke | *I vannet fløt det ganske mye søppel.*
Forstavelse: tilflyte

fnyse – fnyser – fnøs/fnyste – fnyst
snort | schnauben
puste (sint eller foraktfullt) kraftig ut gjennom nesen | *Hun bare fnøs av forslaget hans.*

fortryde – fortryder – fortrød – fortrudt
regret | bereuen
angre | *Oskar fortrød hele livet at han hadde forlatt Konstanse.*

fryse – fryser – frøs/frøys – frosset
freeze | frieren; gefrieren; erstarren
1. være kald, føle seg kald | *Det var -18 grader, men jeg frøs ikke.*
2. bli til is | *Vinteren var så kald at hele innsjøen frøs.*
3. holde uendret | *Han frøs stillingen for fotografens skyld.*
Forstavelse: forfryse
Lignende verb: parverb: fryse (-te): gjøre til is | *De fryste ned restene av middagen.*

fyke – fyker – føk/føyk – føket
drift, fly | stieben
bli ført gjennom lufta | *Han feide golvet så støvet føk* .
Forstavelse: tilfyke

følge – følger – fulgte – fulgt
follow; accompany | folgen; begleiten
komme etter, dra sammen med, eskortere | *Han fulgte henne hjem etter middagen.*
Forstavelser: etterfølge, forfølge

få – får – fikk – fått
get | bekommen; dürfen
1. bli gitt, skaffe seg | *Fikk du mye fint til jul?*
2. få/ha tillatelse til | *Får barna dine være ute til klokka ni om kvelden?*

gale – galer – gol/galte – galt
crow | krähen
om hane og gjøk: rope | *Jeg gikk en tur på stien og søkte skogens ro. Da hørte jeg fra lien en gjøk som gol ko-ko.* (Barnesang)

gi – gir – ga/gav – gitt
give | geben
levere, skjenke, donere | *Tusen takk for boka som du ga meg!*
Forstavelser: angi, avgi, begi seg, ettergi, gjengi, hengi seg, inngi, medgi, omgi, oppgi, overgi, tilgi, utgi

gidde – gidder – gadd – giddet
bother | sich die Mühe machen
orke, ønske å bruke energi på | *Jeg gidder ikke å gjøre leksene til i morgen.*

gjelde – gjelder – gjaldt – gjeldt

concern; be valid | betreffen, gelten

1. handle om | *E-posten gjaldt et møte neste uke.*

2. være gyldig | *Bussbilletten gjelder bare i to timer.*

Forstavelser med regelmessig bøyning: gjengjelde, unngjelde (-te)

Lignende verb: gjelde (-te/-et): kastrere | *I dag skal grisen gjeldes.*

gjøre – gjør – gjorde – gjort

do, make | tun, machen

1. handle, utføre | *Hva gjorde du på søndag?*

2. få til å bli | *Nå gjorde du meg glad!*

Forstavelser: avgjøre, forgjøre, kunngjøre, omgjøre, utgjøre

gleppe – glepper – glapp – gleppet

Mindre brukt variant av → glippe.

gli – glir – gled/glei – glidd

glide, slide; slip | gleiten, rutschen; ausrutschen

1. skli, bevege seg jevnt | *Skøyteløperen gled elegant over isen.*

2. miste festet | *Er det morsomt når noen glir på et bananskall?*

glippe – glipper – glapp – glippet

slip; fail | entgleiten; fehlschlagen

1. løsne, ikke holde | *Ringen glapp ut av hånden hans da han ville fri.*

2. mislykkes | *Det ble sølv – gullmedaljen glapp i siste sekund.*

Lignende verb: glippe (-te/-et): blinke, blunke | *Hun glippet med øynene, men prøvde å holde seg våken.*

gnage – gnager – gnagde/gnaget/gnog – gnagd/gnaget

gnaw; wear | nagen; abnutzen

1. bruke tennene på | *Beveren har gnagd ned to trær i natt.*

2. slite | *De nye skoene gnager hull på sokkene mine.*

gnelle – gneller – gnall/gnelte – gnelt
bark, yap | kläffen
gi sterk/sint lyd (brukes ofte om hunder) | *Bikkja gnall da den hørte det kom folk.*
Vanligere verb for sinte hunder: gneldre (-et).

gni – gnir – gned/gnei/gnidde – gnidd
rub | reiben
stryke fram og tilbake | *Aladdin gned på den magiske lampen.*

grave – graver – gravde/grov – gravd
dig | graben
hakke, spa, lage hull | *Fido har gravd ned et bein i hagen.*
Forstavelser: begrave, undergrave
Lignende verb: grave (-et/-de): grave fisk (tilberede på en spesiell måte) | *Nå har jeg lært å grave laks.*

grine – griner – gren/grein/grinte – grint
cry; wrinkle | weinen; rümpfen
1. gråte | *Lisa griner fordi Petter har tatt kosedyret hennes.*
2. rynke (nesen) | *Kristian gren på nesen av blodpuddingen.*

gripe – griper – grep/greip – grepet
grasp | greifen
ta (i betydning **1.**) | *Eva grep kameraet da hun så grevlingen.*
Forstavelser: angripe, begripe, foregripe, forgripe seg, pågripe

gråte – gråter – gråt – grått
cry | weinen
felle tårer | *Barnet gråt under hele dåpsseremonien.*

gyse – gyser – gyste/gjøs – gyst
shudder | schaudern
grøsse, skjelve | *De gyste av spenning da de så filmen.*

gyte – gyter – gytte/gjøt – gytt
spawn | laichen
om fisk: legge rogn | *Laksen gyter i elvene om høsten.*
Forstavelser: inngyte, utgyte

gyve – gyver – gjøv/gøyv – gjøvet/gyvd
fly | stieben
fare raskt; bli ført gjennom lufta | *Støvet gjøv da hun feide gulvet.*

gå – går – gikk – gått
walk, go; be possible, work | gehen
1. bevege seg (brukes først og fremst, men ikke bare, om
   bevegelse til fots) | *Han gikk fra Lindesnes til Nordkapp på fire
   måneder.* | *Bussen går klokka 14.15.*
2. være mulig, fungere | *Det går ikke å lage omelett uten egg.*
Forstavelser: angå, avgå, begå, forbigå, foregå, forgå, fragå,
framgå/fremgå, gjennomgå, imøtegå, inngå, omgå, overgå, pågå,
undergå, unngå, utgå, vedgå

ha – har – hadde – hatt
have | haben
eie, disponere, være utstyrt med | *Jeg har en batteridrevet
nesehårsfjerner.*
Forstavelse: inneha

henge – henger – hang – hengt
hang | hängen
være festet; holde seg fast | *Jakka hang på knaggen.*
Forstavelse: avhenge
Lignende verb: parverb: henge (-te): få til å henge; drepe ved
hengning | *Han hengte jakka på knaggen.*

hete – heter – het/hette – hett
be named, be called | heißen
ha navnet | *Hun heter Turid Skogen.*

hive – hiver – hev/heiv/hivde – hivd
throw; throw away | werfen; wegwerfen
1. kaste | *Fido elsker å hente pinnene som far hiver.*
2. kaste (bort) | *De måtte hive mye av soppen de hadde plukket.*

hjelpe – hjelper – hjalp – hjulpet
help | helfen
gi assistanse | *Jeg ble hjulpet av en vennlig, eldre herre.*
Forstavelse: avhjelpe

hogge – hogger – hogg/hogde – hogd
hew, chop | hauen, fällen
slå med øks/kniv eller lignende | *De har hogd juletreet sitt selv.*
Samme verb som → hugge.

holde – holder – holdt – holdt
hold | halten
ha grep om, ha tak om | *Kan du holde bæreposene mens jeg finner nøkkelen?*
Forstavelser: anholde, avholde, beholde, bibeholde, fastholde, forbeholde, forholde seg, framholde/fremholde, henholde, inneholde, oppholde, overholde, sammenholde, underholde, utholde

hugge – hugger – hugg/hugget/hugde – hugget/hugd
Samme verb som → hogge.

klesse – klesser – klass – klesset
splash, slap | platschen, klatschen
plaske, klaske | *Det klass da han datt i søla.*

klinge – klinger – klang – klinget/klingt
ring | klingen
ringe, gi melodisk lyd | *Da skoleklokka klang, begynte hun å løpe.*

klipe – kliper – kleip – klipt
Mindre brukt variant av → klype.

klive – kliver – kleiv – klivd/klevet
Mindre brukt variant av → klyve.

klype – klyper – kløp/klypte – kløpet/klypt
pinch | kneifen
klemme (mellom fingrene eller lignende) | *Trond ble kløpet av en krabbe da han var på ferie i Kristiansand.*
Samme verb som → klipe.

klyve – klyver – kløv/kløyv/klyvde – kløvet/klyvd
climb | klettern
klatre | *De kløv over gjerdet for å komme gratis inn på tivoliet.*
Samme verb som → klive.

knekke – knekker – knakk – knekt/knekket
snap, crack, break | brechen, knicken
brekke, gå i to biter (gjerne med en høy lyd) | *Fiskestanga knakk mens han kjempet med den store laksen.*
Lignende verb: parverb: knekke (-te/-et): få til å knekke | *Han knekte nøtter hele jula.*

kneste – knester – knast – knestet
Samme betydning som → knette.

knette – knetter – knatt – knettet
click | knacken
lage en svak lyd | *Det knatt svakt i døra da han lukket den forsiktig.*

knipe – kniper – knep/kneip – knepet
pinch; catch | kneifen; ertappen
1. klype, klemme | *Hun knep babyen i kinnene og sa «dikkedikk».*
2. gripe | *Epletyven ble knepet på fersk gjerning.*

knyte – knyter – knøt/knytte – knytt

clench | zusammenziehen

trekke seg sammen | *Det knøt seg i magen når jeg tenkte på det.*
Lignende verb med flere betydninger i tillegg: knyte (-te) og knytte (-et): **1.** binde, lage knute | *Han knyttet skolissene sine.* **2.** trekke seg sammen | *Det knytte seg i magen når jeg tenkte på det.*

komme – kommer – kom – kommet

come | kommen

1. nærme seg | *Den mystiske mannen kom mot oss.*
2. ankomme, nå fram til | *Hvis du vil, kan du komme hit på torsdag.*
Forstavelser: ankomme, avstedkomme, bekomme, etterkomme, forekomme, forkomme, framkomme/fremkomme, innkomme, nedkomme, omkomme, overkomme, tilkomme, unnkomme, utkomme, vedkomme

krype – kryper – krøp/krøyp – krøpet

creep | kriechen

bevege seg på alle fire med kroppen nær underlaget | *Begge hundene krøp under senga da fyrverkeriet startet.*

kunne – kan – kunne – kunnet

can | können

1. kjenne, ha lært | *Jeg kan norsk.*
2. være i stand til | *Han kan løpe ei mil på under tretti minutter.*
3. være/ha mulighet til | *Man kan bestille boka på Internett.*

kvede – kveder – kvad – kvedet

sing (Norwegian folk music); recite (concerning Old Norse conditions) | (norwegische Volksmusik) singen; rezitieren (in Bezug auf altnordische Verhältnisse)

1. synge tradisjonell norsk folkemusikk | *Agnes kvad ei folkevise på avslutningsfesten.*
2. resitere dikt (om norrøne forhold) | *Arnor Tordsson kvad for jarlene på Orknøyene.*

kvekke – kvekker – kvakk – kvekket

give a start | zusammenschrecken
skvette, fare sammen av en plutselig hendelse | *Hun kvakk da lynet slo ned i nærheten.*

Lignende verb:
- Parverb: kvekke (-te): få til å kvekke | *Huff, nå kvekte du meg!*
- kvekke (-et): lage froskelyd | *Jeg fikk ikke sove, for froskene kvekket hele natta.*

kvele – kveler – kvalte/kvelte – kvalt/kvelt

stifle, suffocate | ersticken, erwürgen
slokke/drepe ved å hindre lufttilgangen | *De ble kvalt av kullosforgiftning.*

kveppe – kvepper – kvapp – kveppet

give a start | zusammenschrecken
skvette, fare sammen av en plutselig hendelse | *Mari kvapp da Ola ropte «bø».*

Lignende verb: parverb: kveppe (-te): få til å kveppe | *Haha, der kvepte jeg Mari!*

kverve – kverver – kvarv – kvervet

disappear (out of sight) | (außer Sichtweite) verschwinden
forsvinne (ut av syne) | *Sola kvarv bak fjellene.*

kvine – kviner – kvein/kvinte – kvint

Vanligere variant: hvine (-te).
squeal | pfeifen, kreischen
lage en høy lyd | *Vinden kvein rundt ørene.*

la – lar – lot – latt

let | lassen

gi lov/mulighet til | *La meg komme forbi, jeg har dårlig tid!*

Lignende verb: Dette er opprinnelig samme verb som → late. I forbindelse med forstavelser brukes alltid den lengre varianten -late.

late – later – lot – latt

seem; pretend | den Anschein machen; so tun, als ob

1. gi inntrykk av | *Hun later til å være interessert i å kjøpe huset.*

2. simulere | *Han lot som han var syk for å slippe å gå på skolen.*

Forstavelser: etterlate, forlate, innlate, løslate, nedlate seg, opplate, overlate, tillate, unnlate, utelate, utlate seg

Lignende verb:

· Dette er opprinnelig samme verb som → la.

· late seg (-et): dovne seg | *Jeg latet meg hele ferien.*

le – ler – lo – ledd

laugh | lachen

flire, skratte | *Det er viktig å kunne le av seg selv.*

legge – legger – la – lagt

lay, put | legen

plassere (i horisontal stilling), sette, stille | *Hvor har du lagt fjernkontrollen nå?*

Forstavelser: anlegge, avlegge, belegge, bilegge, erlegge, fastlegge, forelegge, forlegge, fralegge seg, framlegge/fremlegge, grunnlegge, henlegge, ilegge, innlegge, nedlegge, overlegge, planlegge, pålegge, tillegge, underlegge, utlegge, vedlegge

lekke – lekker – lakk/lekket – lekket

leak | lecken, undicht sein

være utett, slippe inn/ut vann/væske/luft | *Robåten lakk som ei sil, og de hadde ikke noe å øse med.*

li – lir – led/lei/lidde – lidd
elapse | vergehen
gå, nærme seg enden | *Da dagen led mot slutten, begynte han å bli sliten.*
Lignende verb: → lide/li.

lide/li – lider/lir – led/lei – lidd/lidt
suffer | leiden
være plaget | *Det var hungersnød i landet, og mange barn led.*
Lignende verb: → li.

ligge – ligger – lå – ligget
lie | liegen
1. være i horisontal stilling | *Fjernkontrollen ligger i bokhylla.*
2. befinne seg | *Torsætra kafé ligger langt oppe på åsen.*
Forstavelser: foreligge, påligge, tilligge

lite – liter – let/leit – litt
trust | vertrauen
stole | *Du kan lite på at jeg betaler!*

ljuge – ljuger – løy – løyet
Samme verb som juge (-de) og → lyve/lyge.

lyde – lyder – lød/lydde – lydt/lydd
sound; obey | lauten, klingen; gehorchen
1. høres, gi lyd | *Hvordan lyder melodien på nasjonalsangen?*
2. rette seg etter, adlyde | *Hunden min lyder meg ikke.*
Forstavelser: adlyde, forlyde, gjenlyde, utlyde

lyve/lyge – lyver/lyger – løy – løyet
lie | lügen
snakke usant | *Britt lyver så hun tror det selv.*
Samme verb som juge (-de) og → ljuge.

løpe – løper – løp – løpt/løpet
run | laufen, rennen
bevege seg raskt, springe | *Jeg har løpt Oslo Maraton.*
Forstavelser: anløpe, beløpe seg, forløpe, innløpe, påløpe, utløpe

låte – låter – låt – lått
sound | lauten, klingen
høres, gi lyd | *Mannskoret låt surt fra første tone.*

male – maler – malte/mol – malt
pulverize, grind; purr | mahlen; schnurren
1. pulverisere, kverne | *Marta malte en kvart kilo kaffe.*
2. lage lyd som en kvern | *Katten maler når jeg klør den bak øret.*
Lignende verb: male (-te): dekke med farge | *Nå må vi male huset.*

minnes – minnes/mins – mintes – mintes
remember; commemorate | sich erinnern; gedenken
1. huske | *Jeg minnes bryllupet mitt som om det var i går.*
2. ha sammenkomst eller lignende til minne om | *I dag er vi samlet
   for å minnes de falne i andre verdenskrig.*
Lignende verb: minne (-et/-te): få til å tenke på | *Kan du minne
meg på at jeg må kjøpe smør i morgen?*

monne – mon – monne – ——
Ufullstendig hjelpeverb. I praksis brukes oftest presensformen i
uttrykket *Mon tro ...* (Jeg spør meg om ... | I wonder ... | Ich
möchte wissen ...) | *Mon tro hva du tenker på nå?*
Lignende verb: monne (-et): gjøre virkning, hjelpe | *Pengene fra
bestefar monnet lite.*

måtte – må – måtte – måttet
must | müssen
være nødt til, skulle | *Du må hjelpe meg med dette kryssordet.*

nyse – nyser – nøs/nøys/nyste – nyst
sneeze | niesen
plutselig støte ut luft gjennom nese og munn på grunn av en irritasjon | *Hun hadde høysnue og nøs åtte ganger på rad.*

nyte – nyter – nøt/nøyt – nytt
enjoy | genießen
føle velvære/glede av | *Jeg nyter pensjonisttilværelsen.*

omgås – omgås – omgikkes/omgiks – omgåttes
meet socially; deal with | verkehren; umgehen
1. ha sosialt samvær med | *Det er en kunst å kunne omgås fremmede.*
2. behandle | *Mange sopper bør omgås med forsiktighet.*
Lignende verb: omgå (→ gå): gå utenom | *Han prøvde å omgå alle problemene.*

pipe – piper – pep/peip – pepet
cheep, squeak | piepsen, pfeifen
lage en høy, tynn lyd | *Fugleungene pep og ventet på mat.*

rekke – rekker – rakk – rukket
reach, catch | erreichen
nå, komme i tide til | *De rakk toget i siste sekund.*
Lignende verb: → rekke.

rekke – rekker – rakte – rakt
hand, reach | reichen
strekke, gi | *Han rakte meg saltet.*
Forstavelse: overrekke
Lignende verb: → rekke.

renne – renner – rant – rent

run, flow | fließen, rinnen

strømme, gli | *Elva rant stille og rolig.*

Lignende verb: renne (-te): kjøre, løpe | *Han rente på ski hver dag etter skolen.*

ri/ride – rir/rider – red/rei – ridd

ride | reiten

sitte med beina på hver side av noe; sitte på et dyr som beveger seg | *Frida er hestegal og rir hver dag.*

rinne – rinner – rant – runnet

rise (sun); elapse | aufgehen (Sonne); vergehen

1. stå opp (brukes om sola) | *Da sola rant, ble trollet til stein.*

2. forløpe | *Tiden svinner, tiden rinner, tiden flyr så hastig bort.* (Salme)

Forstavelse: opprinne

rive – river – rev/reiv – revet

tear down; tear; grate | abreißen; reißen; reiben

1. jevne med jorden; velte | *Huset ble revet for å gi plass til et kjøpesenter.*

2. rykke, slite | *Han rev opp døra og stormet inn i huset.*

3. gni i biter | *Kan du rive litt ost til gratengen, er du snill?*

Forstavelser: henrive, løsrive, tilrive seg

ryke – ryker – røk/røyk – røket

smoke; break down | rauchen; kaputtgehen

1. sende ut røyk | *Det røk fortsatt fra brannruinene dagen etter.*

2. bli ødelagt | *TV-en røyk midt under VM-finalen.*

ryktes – ryktes – ryktes/ryktedes – ryktes

be rumoured | sich herumsprechen

bli kjent ved at folk snakker om det | *Det ryktes at de skal skilles.*

growl, snarl | brummen, knurren
brumme, knurre | *Han ble sint og røt som et villdyr.*

se – ser – så – sett

see | sehen
sanse med øynene | *Ser du den lastebilen der borte?*
Forstavelser: anse, avse, bese, etterse, forse seg, gjennomse, innse, overse, påse, unnse seg, utse
Lignende verb: → sees/ses

sees/ses – sees/ses – såes/sås – settes

see each other, meet | sich sehen, sich treffen
se hverandre, møtes | *Ha det bra, vi sees neste uke!*
Lignende verb: → se

selge – selger – solgte – solgt

sell | verkaufen
gi fra seg mot betaling | *Paul har solgt leiligheten sin.*

sette – setter – satte – satt

place, put | setzen, stellen
plassere | *Sett cd-en tilbake på plass, er du snill.*
Forstavelser: ansette, avsette, besette, bisette, fastsette, foresette seg, fortsette, forutsette, framsette/fremsette, hensette, innsette, motsette seg, nedsette, omsette, oversette, tilsette, unnsette, utsette

si – sier – sa – sagt

say | sagen
ytre; fortelle | *Jeg sa jo at jeg ikke ville ha melk i kaffen!*
Forstavelser: avsi, foresi, forutsi, framsi/fremsi, frasi seg, motsi, tilsi, unnsi

sige – siger – seg/seig – seget

seep, glide slowly | sickern, langsam gleiten
renne/bevege seg langsomt | *Regnvannet seg ned i jorda.*

sitte – sitter – satt – sittet

sit | sitzen
hvile baken med overkroppen oppreist | *Linn og Terje satt sammen
på benken og holdt hverandre i hendene.*
Forstavelser: besitte, oversitte

skilles – skilles/skils – skiltes – skiltes

part; divorce | sich trennen; sich scheiden
1. fjerne seg fra hverandre | *Våre veier skiltes etter skoletida.*
2. avslutte ekteskap | *De skiltes etter førtito års ekteskap.*
Lignende verb: skille (-te): dele; fjerne fra hverandre; gå fra
hverandre | *Jeg måtte skille de to som sloss.*

skinne – skinner – skinte/skein – skint

shine | scheinen, leuchten
lyse, stråle | *Sola skinte hver dag om sommeren da jeg var barn.*

skite – skiter – skeit/skjet – skitt

defecate, crap | scheißen
ha avføring | *Duene skeit på statuen.*

skjelve – skjelver – skalv – skjelvet

shiver, tremble | beben, zittern
riste, dirre | *Hun var gjennomvåt og skalv av frost.*

skjemmes – skjemmes/skjems – skjemtes – skjemtes

feel ashamed | sich schämen
føle skam | *Jeg skjemmes over de skitne vinduene mine.*
Lignende verb: skjemme (-te): ødelegge; vanære | *Alt kjøttet ble
skjemt da fryseren røk.*

skjære – skjærer – skar – skåret
cut | schneiden
bruke kniv | *Jeg synes du har skåret for tynne brødskiver.*
Forstavelser: avskjære, beskjære, innskjære, omskjære

skli – sklir – skled/sklei/sklidde – sklidd
glide, slide; slip | gleiten, rutschen; ausrutschen
1. gli, bevege seg jevnt | *Barna skled ned rutsjebanen igjen og igjen.*
2. miste festet | *Bilen begynte å skli på glattisen.*

skrelle – skreller – skrelte/skrall – skrelt
bang | krachen, knallen
smelle | *Tordenen skrelte i nærheten.*
Lignende verb: skrelle (-te/-et): skjære skallet av | *De skrelte tre kilo poteter.*

skride/skri – skrider/skrir – skred/skrei – skredet
tread | schreiten
gå langsomt og høytidelig | *Hun skred over golvet som en dronning.*
Forstavelser: overskride, underskride

skrike – skriker – skrek/skreik – skreket
scream | schreien
rope, hyle | *Han skrek høyt da han datt av sykkelen.*

skrive – skriver – skrev/skreiv – skrevet
write | schreiben
lage skrift | *Tusen takk for brevet som du skrev til meg.*
Forstavelser: avskrive, beskrive, foreskrive, forskrive, framskrive/
fremskrive, fraskrive, innskrive, omskrive, tilskrive, underskrive,
utskrive

skryte – skryter – skrøt/skrytte – skrytt

boast; hee-haw | prahlen; iahen
1. rose sterkt, prale | *Ulf skrøt av den nye traktoren sin.*
2. om esel: lage høy lyd | *Jeg hørte eselet skryte på lang avstand.*

skulle – skal – skulle – skullet

shall; will (future) | sollen; werden (Zukunft)
1. (befaling) | *Alle skal vaske hendene før de spiser.*
2. (forslag) | *Skal vi gifte oss?*
3. (uttrykk for framtid) | *Jeg skal reise til Roma i ferien.*

skvette – skvetter – skvatt – skvettet

give a start; spatter | zusammenschrecken; spritzen
1. fare sammen av en plutselig hendelse | *Han skvatt da det plutselig banket på døra.*
2. sprute | *Hun hoppet i søledammene så vannet skvatt.*
Lignende verb: parverb: skvette (-et): sprute | *Ikke skvett vann på meg!*

skyldes – skyldes – skyldtes – skyldes

be caused by | herrühren von
ha sin årsak i | *Ulykken skyldtes menneskelig svikt.*
Lignende verb: skylde (-te): ha gjeld; ha plikt | *Jeg tror jeg skylder deg en forklaring.*

skyte – skyter – skjøt/skøyt – skutt

shoot | schießen, erschießen
avfyre skudd med våpen | *Man skal ikke selge skinnet før bjørnen er skutt.*
Forstavelser: beskyte, framskyte/fremskyte, henskyte, innskyte

skyve – skyver – skjøv/skøyv – skjøvet

push | schieben, stoßen
dytte | *De måtte skyve bilen til nærmeste bensinstasjon.*
Forstavelse: forskyve

slenge – slenger – slang – slengt

dangle, swing | schlenkern, baumeln

bevege seg hit og dit | *Huset var falleferdig, og dørene bare hang og slang.*

Lignende verb: parverb: slenge (-te): kaste fra seg | *Han slengte jakka på gulvet.*

slippe/sleppe – slipper/slepper – slapp – sluppet

be spared from; let go | nicht tun müssen; loslassen

1. unngå, ikke måtte gjøre | *Jeg vil helst slippe å vaske opp i dag.*
2. miste eller løsne taket | *Han slapp alt han hadde i hendene og løp for å hjelpe.*

Forstavelse: unnslippe

slite – sliter – slet/sleit – slitt

toil, struggle; wear | sich abmühen; abnutzen

1. anstrenge seg | *Jeg slet i motbakkene på sykkelturen i dag.*
2. bruke så lenge/hardt at det blir merke/hull | *Ingvild slet hull på skoene sine allerede etter to måneder.*

slå – slår – slo – slått

hit, beat | schlagen

1. bevege hånd/gjenstand raskt mot noe | *Man skal ikke slå dyr.*
2. beseire | *Norge slo Brasil 2-1 i fotball-VM i 1998.*

Forstavelser: anslå, avslå, beslå, fastslå, foreslå, forslå, underslå, unnslå seg

slåss – slåss – sloss – slåss

fight | kämpfen, sich raufen

kjempe, være i slagsmål | *Brødrene sloss hver dag da de var mindre.*

smelle – smeller – smalt – smelt

bang | knallen

knalle | *Kinaputten smalt høyere enn de hadde trodd på forhånd.*

Lignende verb: parverb: smelle (-te): lage smell; slå | *Hun ble rasende, forlot rommet og smelte døren igjen etter seg.*

smette – smetter – smatt – smettet

dash silently | huschen

fare raskt og stille | *Rådyret smatt inn i skogen igjen da det så oss.*

Lignende verb: parverb: smette (-et): putte, stikke | *Hun smettet myntene i bukselomma.*

smyge – smyger – smøg/smøyg – smøget

slip, steal | schleichen, schmiegen

krype, liste | *Reven smøg seg inn i hønsehuset.*

smøre – smører – smurte – smurt

smear, spread | schmieren, streichen

stryke utover | *Hvor mange brødskiver har du smurt?*

Forstavelser: innsmøre, tilsmøre

snike – sniker – snek/sneik – sneket

sneak | schleichen

krype, liste, lure | *De snek seg inn på puben enda de bare var 14 år.*

Forstavelse: tilsnike seg

snyte – snyter – snøt/snytte – snytt

cheat; blow one's nose | betrügen; schnäuzen

1. svindle | *Sigurd ville kjøpe et kamera på Internett, men ble snytt.*

2. pusse nesen | *Det er for sent å snyte seg når nesa er borte.*

sove – sover – sov – sovet

sleep | schlafen

være i søvn | *I morgen kan jeg sove lenge.*

Forstavelse: forsove seg

spinne – spinner – spant – spunnet

spin | durchdrehen; spinnen

1. gå rundt (uten feste) | *Hjulene spant på isen.*
2. lage tråd | *På dette kurset kan du lære å spinne garn av ull.*
Forstavelse: utspinne seg

spre/sprede – sprer/spreder – spredte/spredde – spredt/spredd

spread; scatter | verbreiten; zerstreuen

1. fordele, bre | *Ryktene spredte seg som ild i tørt gress.*
2. splitte | *Demonstrantene ble spredt av politiet.*
Forstavelser: adsprede, atspre(de), utspre(de)

sprekke – sprekker – sprakk – sprukket

burst, crack | bersten, platzen

briste | *Da ballongen sprakk, begynte lillebror å gråte.*

sprette – spretter – spratt – sprettet

bounce, leap | springen, aufspringen

hoppe | *Ballen spratt forbi keeperen og i mål.*
Lignende verb: parverb: sprette (-et): skjære opp, åpne | *Spretter vi en flaske vin i kveld, kjære?*

springe – springer – sprang – sprunget

run; jump | laufen; springen

1. løpe | *Han sprang ut på gata da Norge vant Melodi Grand Prix.*
2. hoppe | *Prisene på flybilletter har sprunget i været i det siste.*

spørre – spør – spurte – spurt

ask | fragen

stille spørsmål | *Hun spurte meg om jeg ville være med på en skitur.*
Forstavelser: forespørre, forspørre, utspørre
Lignende verb: → spørres

spørres – **spørs**/spørres – spurtes – spurts
be uncertain; be rumoured | unsicher sein; sich herumsprechen
1. Bare i forbindelsen *Det spørs*: det er usikkert | *Det spørs om jeg får tid til å møte deg før jul.*
2. bli kjent ved hjelp av rykter | *Det spurtes at han var den beste frisøren i mils omkrets.*
Lignende verb: → spørre

stige – stiger – steg/steig – steget
rise, increase | steigen
bevege seg oppover, bli høyere | *Etter det voldsomme regnværet steg vannet i elvene kraftig.*
Forstavelser: bestige, overstige

stikke – stikker – stakk – stukket
pierce | stechen
bevege (spiss gjenstand) inn i noe | *Lønner det seg å stikke hull på vannblemmer?*
Forstavelser: bestikke, forstikke seg

stjele – stjeler – stjal – stjålet
steal | stehlen
ta andres eiendom | *Tyven stjal 75 kroner og en pakke tyggegummi.*
Forstavelser: bestjele, frastjele

strekke – strekker – strakk – strukket
stretch, strain | dehnen
bli lengre | *Tauet strakk seg nesten en meter under tautrekkingskonkurransen.*
Forstavelse: forstrekke
Lignende verb: → strekke.

strekke – strekker – strakte/strakk/strekte – strukket/strakt/strekt

stretch | strecken; erstrecken

1. rette ut | *Vi tok en pause i bilturen for å strekke beina.*
2. bre (seg), ha et visst areal/tidsforbruk | *Bryllupsfesten strakte seg over tre dager.*

Lignende verb: → strekke.

stri/stride – strir/strider – stred/strei/stridde – stridd

struggle | sich abmühen, kämpfen

slite, kjempe | *Nå har jeg stridd med denne fysikkoppgaven i en halvtime.*

Forstavelse: bestri(de)

stryke – stryker – strøk/strøyk – strøket

stroke; remove, cancel; iron | streicheln; streichen; bügeln

1. gni lett | *Han strøk henne medfølende over armen.*
2. streke over, slette | *Hun bestemte seg for å stryke et helt kapittel i den nye romanen sin.*
3. gjøre glatt med strykejern | *Jens stryker alltid sine egne skjorter.*

Forstavelse: understryke

støkke – støkker – støkk/stokk – støkt/støkket

give a start | zusammenschrecken

skvette, fare sammen av en plutselig hendelse | *Jeg støkker alltid når telefonen ringer.*

Lignende verb: parverb: støkke (-te): skremme opp | *Plutselig støkte vi ei rype som fløy opp rett foran beina våre.*

stå – står – sto/stod – stått
stand | stehen
befinne seg (i oppreist stilling) | *Hun sto på bussholdeplassen i regnet.*
Forstavelser: avstå, bestå, bistå, forestå, forstå, framstå/fremstå, gjenoppstå, gjenstå, henstå, innestå, misforstå, motstå, oppstå, påstå, tilstå, understå seg, utstå, vedstå

suge – suger – sugde/suget/saug – sugd/suget
suck | saugen
dra inn (f.eks. gjennom munnen) | *Myggen sugde blod med god appetitt.*

supe – super – supte/saup – supt
drink | trinken, saufen
drikke | *Han supte i seg resten av suppa.*

svelte – svelter – svalt – sveltet
starve | hungern
sulte, hungre | *De svalt i hjel i ødemarka.*
Lignende verb: parverb: svelte (-et): la sulte | *Fangene ble sveltet.*

sverge – sverger – sverget/svor – sverget/svoret
swear | schwören; fluchen
1. love, avlegge en ed | *Jeg sverger på at det er sant!*
2. banne | *Kai sverget høylytt da han oppdaget at han hadde glemt passet hjemme.*
Forstavelser: avsverge, besverge, forsverge, sammensverge seg

svi – svir – sved/svei/svidde – svidd
burn, cause pain | brennen, schmerzen
stikke, gjøre vondt | *Såret var ikke dypt, men det sved.*
Lignende verb: parverb: → svi.

svi – svir – svidde/svei – svidd
burn, scorch | anbrennen
brenne | *Grete er en så dårlig kokk at hun kan svi spagetti.*
Forstavelse: avsvi
Lignende verb: parverb: → svi.

svike – sviker – svek/sveik – sveket
betray | betrügen, im Stich lassen
bedra | *Han svek henne for en fotomodell.*

svinge – svinger – svingte/svinget/svang – svingt/svinget/svunget
turn, curve | schwenken, drehen
snu, dreie | *I neste kryss må du svinge til høyre.*
De uregelmessige formene *svang/svunget* brukes refleksivt (*Hun svang seg over gjerdet*) og er nå sjeldne.

svinne – svinner – svant – svunnet
diminish, dwindle | schwinden
bli mindre, bli borte | *Håpet om å finne flere overlevende svant for hver time som gikk.*
Forstavelse: forsvinne

svive – sviver – sveiv/svev/svivet – svivet/svivd
swing, slide sideways | schwenken, schlittern
svinge, gli til siden | *Bilen sveiv i svingen og havnet utenfor veien.*

synes – synes/syns – syntes – syntes
think; show | der Meinung sein; sichtbar sein
1. mene | *Jeg synes det er på tide at du går hjem nå.*
2. være synlig/tydelig | *Synes det at jeg har gått ned fire kilo?*
Lignende verb: syne (-te): vise | *Kan du syne meg veien til setra?*

synge – synger – sang – sunget
sing | singen
lage toner med stemmen | *Hun synger alltid arier i dusjen.*
Forstavelser: avsynge, besynge, innsynge

synke – synker – sank – sunket
sink | sinken
gli nedover | *Skipet sank i løpet av fem minutter.*
Lignende verb: parverb: senke (-et): få til å synke | *Ble skipet
senket?*

søkke – søkker – sakk – søkket
sink | sinken
synke | *Jeg sakk ned til knes i snøen for hvert skritt jeg tok.*
Lignende verb: parverb: søkke (søkkte – søkkt): senke | *De søkkte
fiendens skip.*

ta – tar – tok – tatt
take, catch | nehmen, fassen
1. gripe, holde | *Du kan ta regnjakka, så tar jeg paraplyen.*
2. fange, vinne, erobre | *Politiet tok ranerne etter bare ti minutter.*
Forstavelser: anta, avta, beta, delta, foreta, forta seg, frata,
gjenoppta, gjenta, godta, innta, mista, motta, oppta, overta, påta,
tilta, unnta, vedta

telle – teller – talte/telte/tellet – talt/telt/tellet
count | zählen
finne ut hvor mange det er | *Jeg liker å sitte på balkongen om
kvelden og telle stjernene.*
Forstavelse: fortelle (bare med bøyningen fortalte – fortalt)

tigge – tigger – tagg/tigget/tigde – tigget/tigd
beg | betteln
be om, bønnfalle | *Hunden tigger alltid ved bordet.*

tore – tør – torde/turte – turt/tort

dare | wagen

våge | *Jeg kommer aldri til å tore å hoppe i fallskjerm.*

Samme verb som → tørre.

tre – trer – trådte – trådt

step | treten

bevege seg, bli virksom | *Jeg vil ikke tre fram i offentligheten ennå.*

Forstavelser: framtre/fremtre, fratre, inntre, opptre, overtre, tiltre

Lignende verb: tre/træ (-dde): stikke noe tynt gjennom en åpning | *Han tredde tråden i nåla.*

treffe – treffer – traff – truffet

meet; hit | treffen

1. møte | *Traff du julenissen da du var i Drøbak?*
2. ramme | *Ingen ble truffet da en mann begynte å skyte fra balkongen sin i natt.*

Forstavelser: inntreffe, overtreffe

Lignende verb: → treffes

treffes – treffes – treftes – truffes/treftes

meet | sich treffen

treffe (1.) hverandre | *Vi treffes ofte på biblioteket.*

Lignende verb: → treffe

trekke – trekker – trakk – trukket

pull | ziehen

dra (i betydning 2.) | *Han trakk gardinene til side og så på snøværet.*

Forstavelser: foretrekke, fortrekke, overtrekke, tiltrekke

trenges – trengs – trengtes – trengtes
be required | bedürfen
være nødvendig | *Det trengs åtte egg for å bake denne kaken.*
Lignende verb: trenge (-te): **1.** behøve | *Vi trenger åtte egg for å bake denne kaken.* **2.** presse | *Han trengte seg fram gjennom mengden.*

trive – triver – trev/treiv – trevet/trivd
grab | (etwas) an sich reißen
rive til seg | *Fredrik trev jakka og styrtet ut av huset.*
Lignende verb: → trives

trives – trives/trivs – trivdes – trivdes
thrive, feel comfortable | sich wohlfühlen
føle seg vel | *Jeg trives godt i den nye jobben.*
Forstavelser: mistrives, vantrives
Lignende verb: → trive

tryte – tryter – traut – trytt
lack; run short of | fehlen; zu Ende gehen
mangle; ta slutt | *Det traut aldri mat hjemme hos dem.*

trå – trår – trådte/trådde/tro – trådt/trådd
step | treten
gå, sette foten | *Trå forsiktig, det kan være glatt her!*

turve – tarv – turvte/turvde – turvt
need | benötigen
trenge | *Vi turvte ikke bekymre oss.*

tvinge – tvinger – tvang – tvunget
force | zwingen
presse (til å gjøre noe) | *Han ble tvunget til å selge huset.*
Forstavelser: avtvinge, betvinge, framtvinge/fremtvinge, påtvinge, tiltvinge, undertvinge

tvinne – tvinner – tvinnet – tvinnet/tvunnet
twine | zwirbeln, zwirnen
snurre, vinde | *Hun tvinnet garn.*

tyte – tyter – tøt/tøyt/tytte – tytt
ooze out | herausfließen, herausquellen
stikke/piple ut | *Kremen tøt ut overalt da han bet i napoleonskaka.*

tørre – tør – torde/turte – turt/tort
Samme verb som → tore.

undres – undres – undres/undredes – undres
wonder | sich fragen; sich wundern
1. lure på | *Jeg undres på hva oldefaren min ville sagt om Internett.*
2. være forundret over | *Jeg undres stadig over hvor dumme folk kan være.*
Lignende verb: undre (-et): samme betydning som undres | *Jeg undrer på hva oldefaren min ville sagt om Internett.* | *Jeg undrer meg stadig over hvor dumme folk kan være.*

vege – veger – vog – vegd
Vanligere variant: veie (-de).
weigh | wiegen
finne ut vekt, ha vekt | *Barnet vog nærmere fire kilo ved fødselen.*

vekke – vekker – vekket/vekte/vakte – vekket/vekt/vakt
wake, awaken | wecken
De uregelmessige formene *vakte – vakt* brukes bare i overført betydning (betydning **2.**).
1. få til å våkne | *Telefonen vekket meg fra middagsluren.*
2. forårsake | *Saken vakte oppmerksomhet langt utover landets grenser.*
Forstavelse: oppvekke

velge – velger – valgte – valgt

choose; elect | wählen
1. bestemme seg for | *Hvilken kjole skal jeg velge i kveld?*
2. bestemme ved avstemning | *Heidi ble valgt til ny leder i idretts-laget.*
Forstavelser: gjenvelge, innvelge

vie – vier – viet/vidde/vigde – viet/vidd/vigd

dedicate; consecrate; marry | widmen; weihen; trauen
1. bruke (sin arbeidskraft) | *Hun viet sitt liv til å forske på alger.*
2. gjøre hellig | *Han ble viet til prest i 1997.*
3. gifte | *Det var en kvinnelig prest som viet oss.*
Forstavelse: innvie

vike – viker – vek/veik – veket

give way, sidestep | weichen, ausweichen
gå unna, gå til siden | *Vi måtte vike ut på veikanten da vi møtte en stor lastebil på den smale veien.*
Forstavelser: avvike, fravike, unnvike

ville – vil – ville – villet

will, want | wollen; werden (Zukunft)
1. ønske | *Jeg vil ha is!*
2. (uttrykk for framtid) | *Det vil bli regn hele neste uke.*

vinde – vinder – vandt – vundet

twine | winden
vikle | *Rundt armbåndet var det vundet en tynn gulltråd.*

vinne – vinner – vant – vunnet

win | siegen; gewinnen
seire, oppnå | *De vant i Lotto og kjøpte en veteranbil.*
Forstavelser: gjenvinne, innvinne, overvinne, utvinne

vite – vet/veit – visste – visst

know | wissen
ha kunnskap om | *Vet du hva en tussilago farfara er?*

vri – vrir – vred/vrei/vridde – vridd

turn | drehen, umdrehen
dreie | *Han vred om nøkkelen, men bilen startet ikke.*
Forstavelse: forvri

være – er – var – vært

be | sein
1. finnes | *Det er en koselig kafé i Torggata.*
2. befinne seg | *Hun har vært på badet i en halvtime nå.*
3. ha egenskap | *Grammatikk er kult!*
Forstavelse med avvikende bøyning:
 overvære (overværer – overvar – overvært)
Forstavelse med regelmessig bøyning:
unnvære (unnværer – unnværte – unnvært)

Forklaringer

betydning
Hovedbetydningen(e) til hvert verb er kort forklart i bokas andre hoveddel «Mer om verbene». Det kan finnes flere andre bruks-områder for verbet enn dem som er oppført her. For en mer utførlig opplisting anbefales Bokmålsordboka: http://www.nob-ordbok.uio.no.

bokmål
Det finnes to offisielle norske skriftspråk: bokmål og nynorsk. Bokmål er det mest utbredte av disse. I denne boka blir bare verb i bokmål behandlet.

bøyning
Fleksjon. Når vi setter verbet i infinitiv, presens, preteritum og perfektum, sier vi at vi bøyer det.

direkte objekt
Det direkte objektet står ofte rett etter verbet i norske setninger. For å finne det, kan man spørre *hva* eller *hvem* på denne måten: *Elisabeth fikk en orkidé.* – Hva fikk Elisabeth? Hun fikk en orkidé – *en orkidé* er direkte objekt.

forstavelse
Prefiks, f.eks. *an-, for-, inn-, ut-*. Settes disse foran et verb, blir verbet avledet – det får en annen betydning, som i *stå – **for**stå*. Alle uregelmessige verb med og uten forstavelser som er nevnt i boka, er oppført i alfabetisk rekkefølge i → registeret s. 65.

grå skrift
Verb og bøyningsvarianter i grå skrift er tillatt, men brukes nesten aldri i skriftlig bokmål. De *kan* være mer brukt i nynorsk og/eller dialekter, men det dreier seg like ofte om verb/varianter som er lite kjent blant nordmenn flest.

Dette betyr likevel ikke at alle former som står med svart skrift er mye brukt i skriftlig bokmål. Noen er i vanlig bruk, andre er sjeldnere. Se også → stilnivåer og → valgfrie former.

infinitiv
Grunnform; verbformen man finner i ordboka: *gå, skrive, være.*

parverb
Noen norske verb har to former:
1. En regelmessig som tar direkte objekt (såkalt transitivt verb): *Han **hengte** jakka på knaggen.*
2. En uregelmessig som ikke tar direkte objekt (såkalt intransitivt verb): *Jakka **hang** på knaggen.*

perf. part. = perfektum partisipp
Den fortidsformen som kommer etter *har*: *gått, skrevet, vært.*

presens
Nåtidsform: *går, skriver, er.*

preteritum
Fortidsform (tidligere navn: imperfektum): *gikk, skrev, var.*

regelmessig verb
Regelmessige verb i bokmål kan deles i fire klasser. For å vise hvilken klasse et verb tilhører, brukes i denne boka endelsen i preteritum. De regelmessige verbene bøyes etter følgende mønster:

-et:	handle – handler – handlet – handlet
-te:	lese – leser – leste – lest
-de:	prøve – prøver – prøvde – prøvd
-dde:	bo – bor – bodde – bodd

rettskrivning
Verbtabellene baserer seg på den offisielle norske rettskrivningsnormen slik den var representert i Bokmålsordboka høsten 2011 (http://www.nob-ordbok.uio.no).

stilnivåer

Å bestemme seg for en av de mange → valgfrie formene i norsk er for nordmenn et spørsmål om personlige preferanser og hvor formell eller uformell en tekst skal være. For dem som lærer norsk som fremmedspråk og ikke har så mye erfaring med språket ennå, er det vanskeligere å velge. I denne boka er alltid den først oppførte av flere alternative former relativt nøytral og mye brukt.

Et generelt tips er ellers at preteritumsformer med *-ei-* og *-øy-* har et muntlig og noen ganger svært uformelt preg. Formene *dreiv, greip, brøyt* og *frøys* (preteritum av *drive, gripe, bryte, fryse*) oppleves for eksempel som mer uformelle enn *drev, grep, brøt* og *frøs*. Noen nordmenn synes former med *-ei-* og *-øy-* er naturlige å bruke, mens mange andre aldri kunne tenke seg å benytte dem når de skriver.

uregelmessig verb

I denne boka menes med *uregelmessig* alle verb som ikke bøyes som en av de fire klassene med → regelmessige verb. Dette betyr ikke at de «uregelmessige» verbene ikke følger noen (språk-historiske) regler, men i praksis må man lære bøyningsformene for hvert enkelt verb for seg. Boka inneholder sterke verb (f.eks. *drikke*), svake verb med vokalveksling (f.eks. *telle*), verb med sammentrukne former (f.eks. *synes*), og diverse andre kategorier.

Mange av verbene i oversikten har flere → valgfrie former, og en del av disse verbene kan bøyes både regelmessig og uregel-messig. I flere tilfeller er det den regelmessige bøyningen som er mest brukt (f.eks. *svinge*), men disse verbene er likevel tatt med for fullstendighetens skyld.

valgfrie former

Mange verb har flere alternative former som alle kan brukes i bok-mål. I preteritum av *svinge* finnes det for eksempel tre: *svingte/svinget/svang*. Den formen som i hvert tilfelle står først, her: *svingte*, er mye brukt og oppleves som regel som ganske nøytral. For dem som lærer norsk, kan det lønne seg å konsentrere seg om denne første formen heller enn å lære alle.

Register

I denne alfabetiske listen er alle uregelmessige verb oppført som er nevnt i boka, med og uten forstavelser. Forstavelsene er skrevet i *kursiv*. For bøyning av verb med forstavelser, slå opp på hovedverbet. (Eksempel: *adlyde* bøyes som → *lyde*.)

*ad*lyde	*av*sted-	*be*stjele	drite
*ad*sprede	komme	*be*stri(de)	drive
*an*bringe	*av*stå	*be*stå	dø
*an*gi	*av*sverge	*be*sverge	eie
*an*gripe	*av*svi	*be*synge	*er*legge
*an*gå	*av*synge	beta	ete
*an*holde	*av*ta	*be*tvinge	*etter*følge
*an*komme	*av*tvinge	*be*ty	*etter*gi
*an*legge	*av*vike	*bi*beholde	*etter*komme
*an*løpe	*be*	*bi*dra	*etter*late
*an*se	*be*de	*bi*falle	*etter*se
*an*sette	*be*dra	*bi*legge	falle
*an*slå	*be*drive	binde	fare
*an*ta	*be*finne	*bi*sette	*fast*holde
*at*spre(de)	*be*gi	*bi*stå	*fast*legge
*av*bryte	*be*grave	blive	*fast*sette
*av*finne	*be*gripe	bre	*fast*slå
*av*gi	*be*gå	brekke	ferdes
*av*gjøre	*be*holde	brenne	finne
*av*gå	*be*komme	bringe	finnes
*av*henge	*be*legge	briste	fise
*av*hjelpe	*be*løpe	bry	fly
*av*holde	*be*se	bryte	flyge
*av*legge	*be*sette	burde	flyte
*av*se	*be*sitte	by	fnyse
*av*sette	*be*skjære	byde	*for*beholde
*av*si	*be*skrive	bære	*for*bigå
*av*skjære	*be*skyte	*del*ta	*for*binde
*av*skrive	*be*slå	dette	*for*bli
*av*slå	*be*stige	dra	*for*brenne
	*be*stikke	drikke	*for*bryte

65

fordra	forta	fremstå	ha
fordrive	fortelle	fremtre	henfalle
forebringe	fortrekke	fremtvinge	henge
foredra	fortryde	frifinne	hengi
forefinnes	fortsette	fryse	henholde
foregripe	forutsette	fullbringe	henlegge
foregå	forutsi	fyke	henrive
forekomme	forvri	følge	hensette
forelegge	frabe	få	henskyte
foreligge	frafalle	gale	henstå
foresette	fragå	gi	hete
foresi	fralegge	gidde	hive
foreskrive	frambringe	gjelde	hjelpe
foreslå	framby	gjendrive	hogge
forespørre	framgå	gjengi	holde
forestå	framholde	gjenlyde	hugge
foreta	framkomme	gjennomgå	ilegge
foretrekke	framlegge	gjennomse	imøtegå
forfalle	framsette	gjenoppstå	innbinde
forfryse	framsi	gjenoppta	innbringe
forfølge	framskrive	gjenstå	innby
forgjøre	framskyte	gjenta	inndra
forgripe	framstå	gjenvelge	inndrive
forgå	framtre	gjenvinne	innebære
forholde	framtvinge	gjøre	inneha
forkomme	frasi	gleppe	inneholde
forlate	fraskrive	gli	innestå
forlegge	frastjele	glippe	innfinne
forlyde	frata	gnage	inngi
forløpe	fratre	gnelle	inngyte
forse	fravike	gni	inngå
forskrive	frembringe	godta	innkomme
forskyve	fremby	grave	innlate
forslå	fremgå	grine	innlegge
forsove	fremholde	gripe	innløpe
forspørre	fremkomme	grunnlegge	innse
forstikke	fremlegge	gråte	innsette
forstrekke	fremsette	gyse	innskjære
forstå	fremsi	gyte	innskrive
forsverge	fremskrive	gyve	innskyte
forsvinne	fremskyte	gå	innsmøre

innsynge	løslate	overbringe	ryke
innta	løsrive	overby	ryktes
inntre	låte	overdra	ryte
inntreffe	male	overdrive	sammen-
innvelge	medgi	overfalle	holde
innvie	minnes	overgi	sammen-
innvinne	misforstå	overgå	sverge
klesse	mista	overholde	se
klinge	mistrives	overkomme	sees
klipe	monne	overlate	selge
klive	motsette	overlegge	ses
klype	motsi	overrekke	sette
klyve	motstå	overse	si
knekke	motta	oversette	sige
kneste	måtte	oversitte	sitte
knette	nedbryte	overskride	skilles
knipe	nedkomme	overstige	skinne
knyte	nedlate	overta	skite
komme	nedlegge	overtre	skjelve
krype	nedsette	overtreffe	skjemmes
kunne	nyse	overtrekke	skjære
kunngjøre	nyte	overvinne	skli
kvede	omgi	overvære	skrelle
kvekke	omgjøre	pipe	skri
kvele	omgå	planlegge	skride
kveppe	omgås	pådra	skrike
kverve	omkomme	pågripe	skrive
kvine	omsette	pågå	skryte
la	omskjære	pålegge	skulle
le	omskrive	påligge	skvette
legge	oppdra	påløpe	skyldes
lekke	oppdrive	påse	skyte
li	oppfinne	påstå	skyve
lide	oppgi	påta	slenge
ligge	oppholde	påtvinge	sleppe
lite	opplate	rekke	slippe
ljuge	opprinne	renne	slite
lyde	oppstå	ri	slå
lyge	oppta	ride	slåss
lyve	opptre	rinne	smelle
løpe	oppvekke	rive	smette

smyge
smøre
snike
snyte
sove
spinne
spre
sprede
sprekke
sprette
springe
spørre
spørres
stige
stikke
stjele
strekke
stri
stride
stryke
støkke
stå
suge
supe
svelte
sverge
svi
svike
svinge
svinne
svive
synes
synge
synke
søkke
ta
telle
tigge
tilbe
tilbringe
tilby

tilfalle
tilflyte
tilfyke
tilgi
tilkomme
tillate
tillegge
tilligge
tilrive
tilsette
tilsi
tilskrive
tilsmøre
tilsnike
tilstå
tilta
tiltre
tiltrekke
tiltvinge
tore
tre
treffe
treffes
trekke
trenges
trive
trives
tryte
trå
turve
tvinge
tvinne
tyte
tørre
underby
underdrive
undergrave
undergå
underholde
underlegge
underskride

underskrive
underslå
understryke
understå
undertvinge
undres
unndra
unnfly
unngå
unnkomme
unnlate
unnse
unnsette
unnsi
unnslippe
unnslå
unnta
unnvike
utbe
utbre
utbringe
utbryte
utby
utebli
utelate
utgi
utgjøre
utgyte
utgå
utholde
utkomme
utlate
utlegge
utlyde
utløpe
utse
utsette
utskrive
utspinne
utspre(de)
utspørre

utstå
utvinne
vantrives
vedbli
vedgå
vedkomme
vedlegge
vedstå
vedta
vege
vekke
velge
vie
vike
ville
vinde
vinne
vite
vri
være